KB117377

마르타 브렌 (Marta Breen)

마르타 브렌(1976년 출생)은 노르웨이의 잘 알려진
작가이자 저널리스트로서 지금까지 12권의 책을 출간했다.
음악, 정치, 여권운동의 역사를 주제로 책을 쓴 그녀는
청소년 부문 노르웨이 문화부상, 2019 노르웨이
베스트폴 문학상 등 수많은 문학상을 수상했다.
특히, 2018년 옌뉘 요르달과 함께 작업한
『시스터즈』는 전 세계 27개국에 번역 출간되었다.
그 이후, 마르타 브렌은 세르비아, 독일, 영국, 러시아,
헝가리, 브라질 등의 나라에서 페미니즘과
성평등을 주제로 한 강의를 하며 바쁘게 지내고 있다.

옌뉘 요르달 (Jenny Jordahl)

옌뉘 요르달(1989년 출생)은 수많은 수상 경력을 지닌
노르웨이의 일러스트 작가, 만화가, 그래픽 디자이너다.
그녀는 지난 5년간 매우 활발한 활동을 해왔다.
2017년에는 아동 도서 『한네모네와 훌다』의
작가로 데뷔했고, 2020년에는 만화 시리즈
『도대체 네게 무슨 일이 일어났니?』로 노르웨이
최고 문학상 브라게상을 받았다.

PATRIARKATET FALLER
가부장제 깨부수기
성차별의 역사와 여성의 투쟁

This translation has been published with the financial support of NORLA.
이 책은 노르웨이문학번역원 NORLA의 번역 및 제작 지원금을 받아 출간되었습니다.

마르타 브렌 지음
옌뉘 요르달 그림
손화수 옮김
권김현영 추천·해제
PATRIARKATET FALLER
가부장제 깨부수기
성차별의 역사와 여성의 투쟁
arte

페미니즘은 최근 세계 곳곳에서 활발한 움직임을 보이고 있다.
NI UNA MENOS
아르헨티나의 여성 파업

가부장제를 깨부수자
여성들의 행진
인도에서 5백만 명의 여성들이 데모에 참여하다
Women's March
가부장제를 깨부수는 데 동참할래?
물론이지!
예스!
그런데…
가부장제가 뭐니?

가부장제
=
남성이
지배력을 지닌 제도
그건 한마디로
남성 상위의
사회 형태를
의미한단다.

남자들이 *더* 큰 힘과 권력을 가지고 있으면서…

더 많은 돈을 벌고…

여자들보다 *더* 중요한 존재로 보이는
사회를 말하는 것이지.

즉, 대부분의 사회가
그렇지…
ARISTOTELES

그런데 가부장제는 처음에
어떻게 생겨났을까?
ARISTOTELE

가부장제의 시초가 언제였다고 정확히 말하기는 어렵지만,
일단 서구 문명이 탄생했다고 알려진
고대 그리스부터 살펴보자.

아리스토텔레스
플라톤
고대의 많은 철학자는 남성과 여성의 관계를
정립하는 데 큰 관심이 있었다.

플라톤과 그의 제자
아리스토텔레스는 이 문제에
관해 큰 이견을 보였다.

남성과 여성은 꽤 비슷하기 때문에
동일한 일을 충분히 해낼 수 있어.

한 여성이 사회를 통치하는 데
재능을 보인다면, 그녀에게
사회 통치를 맡기면 돼.
한 남성이 설거지를 하는 데만
재능을 보인다면, 그에게
설거지를 시키면 되는 일이지.

남자들에게만 교육의 기회를 주는
나라는, 한쪽 팔만 훈련해서 불균형하게
발달된 신체에 비교할 수 있지.

아닙니다! 여자와 남자는 서로 너무나 달라요! 따라서 그들이 하는 일도 서로 달라야 합니다.
무엇보다도…
여자들은 선천적으로 핸디캡을 가지고 있어요.
남자들과 비교했을 때 여러 면에서 충분히 발달하지 않았다는 것은 명백합니다.
여자들은 남자들보다 훨씬 질투가 강하고 다투기를 좋아해요.
그리고 훨씬 음란하죠.
여자들은 훨씬 게으르고,
거짓말도 훨씬 잘 하죠.
겁도 많고 나약해요.

여자들은 음식을 많이
먹을 필요도 없어요.
불행히도
아리스토텔레스의 주장이
더 큰 지지를 받았어.
그 이후에도
수많은 철학자가
여성에 관한 그의
주장을 따랐지.

선한 원칙은
질서와 빛과 남성을 창조했고,
악한 원칙은
무질서와 어둠과
여성을 창조했습니다.
피타고라스
(약 BCE 570~500)
여성들은 매우 유치하고,
진지하지 못하며 생각이 짧기 때문에
간호사나 유치원 교사로 일하는 것이
적절합니다.
여성이 남성의 말을
따라야 하는 것은
자연의 섭리예요.
장 자크 루소
(1712~1778)
아르투어 쇼펜하우어
(1788~1860)
이마누엘 칸트
(1724~1804)
만약 여자들이 교육을 받게 되면
그들만의 매력을 잃어버리게
될 것입니다.

만약 여성이
한 나라를 지배한다면
그 나라는 위험에
처할 것입니다.

대중의 요구에 따르지 않고
자기 마음대로 나라를
통치할 것이 뻔해요.

게오르크 빌헬름
프리드리히 헤겔
(1770~1831)

여자들에게 가장
잘 어울리는 것은
침묵이에요.

소포클레스
(BCE 496~406)

여자를 만나러 갈 때는
채찍을 꼭 가져가세요!

프리드리히 니체
(1844~1900)

유대인과 여성은
인격이 없습니다.

오토 바이닝거
(1880~1903)

성과 성격

철학자들뿐만 아니라,
의사와 과학자 들도
여성을 경멸하는 데 동참했다.

고대에는 스스로 의사라 칭하는 이들이 있었다.
당시에는 부검이 허용되지 않았기 때문에
여성의 신체에 관한 그들의 지식은
추측에 의존한 것이었다.

생리 중인 여성이 몸을 드러내면
우박, 회오리바람, 번개 등을
물리칠 수 있답니다.

대 플리니우스, 박물학자
(23~79)

여성의 생식기는 발달하지
않았기 때문에, 남성 성기의
불완전한 버전이라 할 수 있지요.

대부분의 여성은 성적인 감정을
느낄 수 없습니다. 그들을 위해서는
매우 다행스러운 일이죠.

갈레노스, 의학자
(약 129~199)

윌리엄 액턴, 의학자
(1813~1875)

여성은
열등한 인종에 속합니다.
여성은
남성 성기에 질투를 느끼는
거세된 남자라고 할 수 있어요.
찰스 다윈, 과학자
(1809~1882)
지크문트 프로이트, 심리학자
(1856~1939)

종교 지도자들도 이 토론에 참여했다.

신이시여,
저를 남자로 태어나게
해주셔서 감사합니다.
당신은 불결한
존재입니다! 어서
나가세요!
남편은 당신의 보호자입니다.
남편에게 복종하세요!
'여자?'
나쁜 업보 때문이지요.
다음 생에는 남자로 태어날 수
있도록 노력하세요.
마르틴 루터
(1483~1546)
여성의 신체는 집에만 있도록
만들어졌습니다. 여성의 둔부는
넓적하기 때문에 앉아 있기에
든든한 기반이 됩니다.
여성
기반

문화계 인사들도
저마다 한마디씩 늘어놓았다.
저는 여류 작가, 여성 변호사, 여성 정치인 들이 모두 괴물이라고 생각합니다. 조르주 상드를 비롯한 그 부류의 여성들은 다리 다섯 개를 가진 괴물 같아요.
여성은 우리에게 난자와 자궁을 제공해줄 때만 필요한 존재이지요.
물론, 최상의 생식기를 가지고 있는 여성들만…
여성 예술가들은 한마디로 같잖아요. 하지만, 저는 여자들이 노래를 부르거나 춤을 추는 건 그리 나쁘지 않다고 생각합니다.
여성은 '진화의 오류' 때문에 생겨난 존재로서 세상에서 사라져야 해요.
피에르 오귀스트 르누아르, 화가 (1841~1919)
아우구스트 스트린드베리, 극작가 (1849~1912)
윌리엄 S. 버로스, 소설가 (1914~1997)

모두 알다시피, 여자들은 전쟁이나 강제수용소, 경찰과 감옥보다 훨씬 나쁜 존재예요. 그러니 이젠 그들을 칭송하는 걸 멈춰야 합니다.
완벽한 삽입은 여성에게는 영원한 패배, 남성에게는 영원한 승리를 의미합니다.
칼 라르손, 화가 (1853~1919)
옌스 비에르네보에, 소설가 (1920~1976)
예술이 창의적이기 위해서는 남성다움이 유지되어야 합니다.
호라세 엥달, 문학비평가 (1948~)
여자들은 동물과 마찬가지로 단순하기 짝이 없어요.
샤를 보들레르, 시인 (1821~1867)

남성과 여성의 본질이 다르다는 개념 때문에,
남자아이와 여자아이는
서로 다른 방식으로
양육되었다.

수 세기 동안 남자아이들은 이론 교육을 받았다.

왜냐하면, 남성은 이성적이고 합리적인 존재라는
생각 때문이었다.

반면, 여자아이들은 육아와 집안일을 배웠다.

왜냐하면, 여성은 감정적으로 행동하며
배려심이 많은 존재라고 여겼기 때문이다.

깊은 사고를 하고

예술적 대작을 창조하기 위해서는

이에 따른 조건을 갖춰야 했다.

지식을 습득할 수 있는 환경과

지식에 몰입할 수 있는 기회가 필요했던 것이다.

역사적으로 여성들은 이러한 기회를 쉽게 얻을 수 없었다.

여성들은 누군가의 기분을 상하게 하거나 상처를 줄까 봐 두려워하지 않고, 자신만의 시간을 평생에 단 30분도 가질 수 없지요.
플로렌스 나이팅게일, 간호사 (1820~1910)

버지니아 울프는 1929년에 바로 이것에 관한 책을 썼어!
휴…
자기만의 방
버지니아 울프

수 세기 동안 의사와 과학자 들은
여성이 많이 배우면
건강을 해친다고 주장했다.
십 대 소녀가 글을 읽고 쓰는 데
시간을 할애한다면, 난자와 자궁의 발달이
둔화될 수 있습니다.
교육계의 성
여자아이를
위한
공평한 기회
우와!
그럴듯하군요!
에드워드 해먼드 클라크
(1820~1877)

불임을 경험할 수도
있습니다!

신경쇠약에
걸릴 수도 있어요!

수많은 과학자는
인간의 뇌 크기에
큰 관심을 보였습니다.
당신의 뇌는 공부를 하기엔
어울리지 않을 정도로 작아요.
이 또한 너무 작음
너무 작음
너무
작음
너무
작음
테오도어 폰 비쇼프
(1807~1882)

어떤 이들은 여자들이 소설을 읽을 경우,
상상의 세계로 빠져들 위험이 크다고 주장했다.

그렇게 되면, 여자들은 삶의 가장 중요한 임무를 잊고…

여자들이 쓰기, 심지어 읽기를 배우는 것을 금지해야 합니다. 그들이 읽고 쓰는 것을 배우면 집안일에 집중하지 못할 것이고, 우리 남자들을 존중하는 일에도 소홀해질 것입니다.
니콜라스 레티프 드 라 브르통느, 프랑스 소설가 (1734~1806)

세상에…
왜 여자들은 이런 말을 듣고서도 반박하지 않았을까?!
왜 하지 않았겠어! 여자들은 세계 곳곳에서 시대를 막론하고 이에 저항해왔단다.

성욕은 배고픔이나 목마름과 마찬가지로 인간의 본능 중 하나예요.
소녀들이여, 야망을 가지되 너무 큰 꿈은 꾸지 마세요. 성공하되 너무 큰 성공은 하지 마세요. 그렇지 않다면 남자들에게 위협적으로 보일 테니까요.
이슬람에는 성의 혁명이 필요합니다.
세상 사람들의 반이 억압을 받는다면 모두가 성공할 수는 없겠지요.
어떤 남성도 모든 여성 위에 군림할 수 없고, 어떤 여성도 모든 남성에게 복종할 수 없습니다.
만약 소녀들이 소년들과 동등한 교육을 받는다면, 소녀들도 예술이나 과학 분야에서 성공할 수 있는 동일한 잠재력을 가졌다는 것을 보여줄 수 있을 것입니다.
여성을 경멸하는 남자가 과연 자신의 아내를 존중할 수 있을까요?

아무리 평범한 남자라도 여자들 앞에서는 거의 신이라도 된 듯 행세하죠.
그리스신화에 나오는 복수와 징벌의 신들, 푸리아도 여성이었답니다.
DET ANNET
중요한 것은 백인 여성 대 흑인 여성, 또는 남성 대 여성의 문제가 아니라는 것입니다. 여성이 자기 목소리를 내야 하는 가장 중요한 이유는 세상이 그녀의 목소리를 들을 필요가 있기 때문입니다.
세상이 발전해온 역사는, 사람들이 외면하는 일들을 용기 있게 추진해왔던 남성과 여성의 피로 기록되었습니다.
숭배를 받는 것은 자유와는 거리가 멉니다.
흑인 남성들의 신체에 관한 권리나 여성들의 영혼에 관한 권리가 바로 그 예라고 할 수 있죠.
저는 여성들이 남성 위에 군림하는 것이 아니라, 자기 자신 위에 군림하기를 바랍니다.
불행하게도 대다수의 용기 있고 창의적인 여성들은 간과되거나 잊히고 또는 조롱을 당했다.
1. 파티마 아흐마드 이브라힘, 수단
2. 나왈 사아다위, 이집트
3. 로레 모가이젤, 레바논
4. 펀밀라요 랜섬-쿠티, 나이지리아
5. 에만 알-나프잔, 사우디아라비아
6. 도시코 기시다, 일본
7. 소테리아 알리베르티, 그리스
8. 루자인 알-하틀룰, 사우디아라비아
9. 세이란 아테스, 독일/터키
10. 말랄라 유사프자이, 파키스탄
11. 알레타 야콥스, 네덜란드
12. 알렉산드라 콜론타이, 러시아
13. 셜리 치점, 미국
14. 도로테아 에르크슬레벤, 독일
15. 에멀라인 팽크허스트, 영국
16. 실비아 리베라, 미국
17. 시몬 드 보부아르, 프랑스
18. 마리 드 구르네, 프랑스
19. 비다 골드스타인, 오스트레일리아
20. 루이 베넷, 아일랜드
21. 마리아네 하이니슈, 오스트리아
22. 엠마 골드만, 리투아니아/미국
23. 마거릿 생어, 미국
24. 아스타 한스틴, 노르웨이
25. 안나 J. 쿠퍼, 미국
26. 베티 프리던, 미국
27. 글로리아 스타이넘, 미국
28. 소저너 트루스, 미국
29. 해리엇 터브먼, 미국
30. 타라바이 신데, 인도
31. 판디타 라마바이, 인도
32. 아드 타히리, 이란
33. 탕췬잉, 중국
34. 수전 B. 앤서니, 미국
35. 말라크 히프니 나시프, 이집트
36. 엘리자베스 케이디 스탠턴, 미국
37. 치마만다 응고지 아디치에, 나이지리아
38. 저메인 그리어, 오스트레일리아
39. 위베르틴 아우크레트, 프랑스
40. 크리스티네 데 피산, 이탈리아
41. 프레드리카 브레메르, 스웨덴
42. 비비 카눔 아스타라바디, 이란
43. 해리엇 테일러 밀, 영국
44. 존 스튜어트 밀, 영국
45. 메리 아스텔, 영국
46. 메리 울스턴크래프트, 영국
47. 테레사 곤살레스 데 파닝그, 페루
48. 베르타 루츠, 브라질
49. 후아나 파울라 만소, 아르헨티나
50. 지트칼라-사, 미국
51. 후안나 이네스 데 라 크루스, 멕시코
52. 마르그리트 코핑, 벨기에
53. 콘셉시온 아레날, 스페인
54. 마샤 P. 존슨, 미국
55. 허샹닝, 중국
56. 버지니아 울프, 영국
57. 조르주 상드, 프랑스
58. 올랭프 드 구주, 프랑스
59. 파울리나 루이시, 우루과이
60. 슐라미스 파이어스톤, 캐나다

많은 뛰어난 여성들이
그 시대의 반격에 부딪혔다.
어떤 이들은 내면과의 싸움을 이겨내지 못하고
투쟁을 포기하기도 했다.
파크라 요누스 (1979~2012)
산마오 (1943~1991)
옥사나 샤츠코 (1987~2018)
카롤리네 폰 귄더로데 (1780~1806)
소니아 세쿨라 (1918~1963)
카밀라 마리아 콘셉시온 (1991~2020)
알레한드라 피사르니크 (1936~1972)
잉그리드 욘커 (1933~1965)
추먀오진 (1969~1995)
이바나 브를리치 마주라니치 (1874~1938)
마리나 츠베타예바 (1892~1941)
앤 섹스턴 (1928~1974)
에이미 레비 (1861~1889)
페넬로페 델타 (1874~1941)
클라라 임머바르 (1870~1915)
테레즈 페렌치 (1823~1853)
엘리스 코웬 (1933~1962)
아이리스 창 (1968~2004)
토베 디틀레브센 (1917~1976)
비어트리스 헤이스팅스 (1879~1943)
아다 라븐킬데 (1862~1883)
리세 린드베크 (1905~1961)
군보르 호프모 (1921~1995)
카린 보위에 (1900~1941)
엘리너 마르크스 (1855~1898)
빅토리아 베네딕트손 (1850~1888)
루크레티아 (BCE ?~ BCE 510)
실비아 플래스 (1932~1963)
세라 케인 (1971~1999)
사라 코프만 (1934~1994)
에밀리 데이비슨 (1872~1913)
샬럿 퍼킨스 길먼 (1860~1935)
버지니아 울프 (1882~1941)

어떤 이들은 죽음을 당하기도 했다.
리베카블룸 (1967~2020)
피파 바카 (1974~2008)
에디트 슈타인 (1891~1942)
로사 마뉘스 (1881~1942)
이사벨 카바닐라스 (1993~2020)
킴 월 (1987~2017)
미로슬라바 브리치 (1962~2017)
첼비 티야가라자 (1954~1997)
이토 노에 (1895~1923)
이렌 네미로프스키 (1903~1942)
가우리 란케시 (1962~2017)
마샤 P. 존슨 (1945~1992)
한데 카데르 (1993~2016)
데보라 보겔 (1902~1942)
패트 라우더 (1935~1975)
리지 드 펠리즈 (1959~2019)
야나 야조바 (1912~1974)
델미라 아구스티니 (1886~1914)
마리즈 홀더 (1940~1977)
마리엘 프랑코 (1979~2018)
수전 버먼 (1945~2000)
레함 야쿠브 (1991~2020)
디아나 사카얀 (1975~2015)
다프네 카루아나 갈리지아 (1964~2017)
안나 폴리트콥스카야 (1958~2006)
수완니 수콘타 (1932~1984)
헬렌 베일리 (1964~2016)
페니앤 에디 (1974~2004)
이사벨라 디모라 (약 1520~1545)
테리사 학경 차 (1951~1982)
안네 프랑크 (1929~1945)
마담 롤랑 (1754~1793)
밀레나 예센스카 (1896~1944)
로자 룩셈부르크 (1871~1919)
당뉘 유엘 (1867~1901)
히파티아 (약 350~415)
아드 타히리 (약 1815~1852)
우리는 당신들을 영원히 잊지 않겠습니다.
올랭프 드 구주 (1748~1793)

수 세기 동안 여성들은
공적 생활을 하면 안 된다는
불문율이 있었다.

안녕!

종교, 정치, 과학계를 아우르는
모든 기록물에서는,
여성들에게 자연스러운 서식처는
집안과 같은 사적인 장소라고 기록했다.

그 때문에 사회 활동을 했던 초기의 여성은
매우 부자연스러운 존재로 인식되었다.

역사를 통해서 볼 수 있듯,
수많은 여성은
남성의 전유물이었던
사회 활동에 참여하고
두각을 드러내기 위해
다양한 전략을 사용해왔다.
어서 오세요!
소수의 상류층 여성은
문학 및 정치적 교류를 위해
자신의 집에서
파티를 열기도 했다.

그중에서 가장 잘 알려진 사교계의 여성은
프랑스계 스위스 소설가인
제르맨 드 스탈(1766~1817)이다.
그녀는 종종 마담 드 스탈 또는
'파리의 여왕'이라는 애칭으로 불렸다.

그녀가 주최하는 파티는
자주 다음 날 새벽까지 이어졌다.

그녀는 20세에 스웨덴 공작
에리크 망누스 스타엘 본 홀스테인과 결혼했다.
결혼의 이점을
누리기 위해서죠!

그녀에게는 수많은 연인이 있었고,
그들과의 관계에서 다섯 명의 자식을 낳았다.

마담 드 스탈은 알렉산드르 황제,
괴테, 토머스 제퍼슨과 같은
동시대의 거물들과
서신을 주고받기도 했다.

나폴레옹 황제를 우러러보았던 그녀는
1797년, 마침내 그와 직접 만날 수 있었다.
안녕하세요!

독일… 주절주절… 이탈리아! 조잘조잘. 문학은 자유를 표방해야 하고! 주절주절… 그건 그렇고 괴테의 책은 읽어봤나요? 조잘조잘…
나폴레옹은 여성에게
정치적 조언을 들을 마음은 조금도 없었다.

여자는 남자의 종이자
소유물이라는 것은
자연의 섭리야.

1802년, 그녀는
초기 프랑스혁명을
주제로 한 소설
『델핀(Delphine)』을
출간했다.
델핀

그 책을 정치적 책략으로 해석한 나폴레옹은
크게 분노했고, 그녀를 국외로 추방했다.

그녀는 스위스의 한 성에서
수년 동안 망명 생활을 했다.
샤토
드 코페

그녀는 망명 생활 중에도
자주 사교 파티를 열었으며,
집필 활동을 계속했다.

그녀가 출간한 책은 모두
'반프랑스적'이라는 오명을 얻었고,
나폴레옹은 수천 권에 달하는 그녀의 책을
모두 태워버렸다.
코린나
독일론

나폴레옹이 세인트헬레나섬으로 유배를 간 뒤,
마담 드 스탈은 마침내 사랑하는 파리로
되돌아올 수 있었다.

어서 오세요!

여성이 공적 생활을 하기 위해 사용했던
또 다른 방법은 바로 익명을 사용해
저작 활동을 하는 것이었다.
미국 작가 에밀리 디킨슨을
대표적인 예로 들 수 있다.

그녀는 살아생전
모두 일곱 편의 시를 익명으로 출간했다.
에밀리가 세상을 떠난 후,
가족들은 그녀의 침실에서
거의 2천 편에 달하는 시를 발견했다.

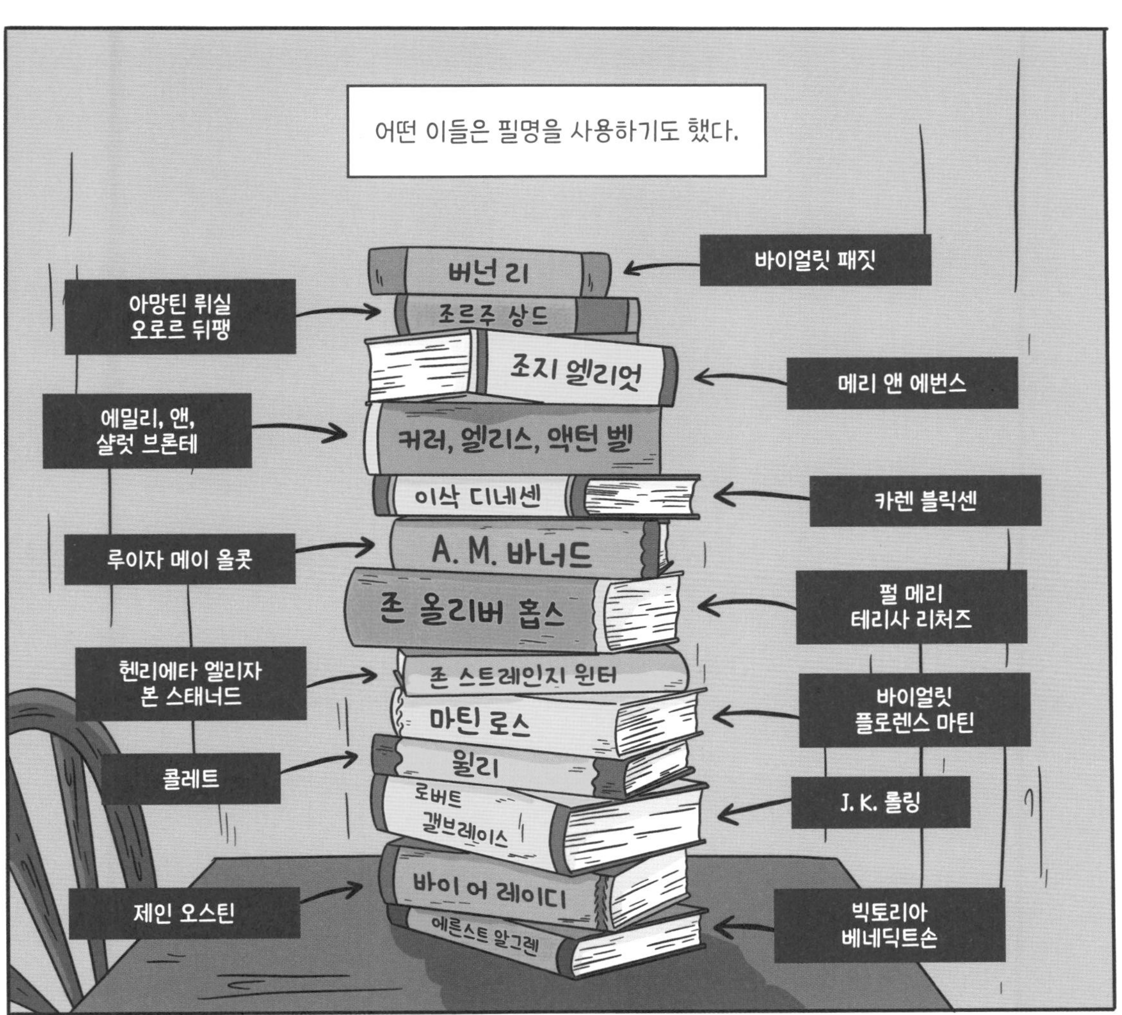
어떤 이들은 필명을 사용하기도 했다.
버넌 리
바이얼릿 패짓
아망틴 뤼실 오로르 뒤팽
조르주 상드
조지 엘리엇
메리 앤 에번스
에밀리, 앤, 샬럿 브론테
커러, 엘리스, 액턴 벨
이삭 디네센
카렌 블릭센
루이자 메이 올콧
A. M. 바너드
존 올리버 홉스
펄 메리 테리사 리처즈
헨리에타 엘리자 본 스태너드
존 스트레인지 윈터
마틴 로스
바이얼릿 플로렌스 마틴
콜레트
윌리
로버트 갤브레이스
J. K. 롤링
제인 오스틴
바이 어 레이디
에른스트 알그렌
빅토리아 베네딕트손

어떤 이들은 더 큰 자유를 누리기 위해 남장을 하기도 했다.

군대를 이끈 잔다르크
(1412~1431)

수학자 에밀리 뒤 샤틀레
(1706~1749)

작가 조르주 상드
(1804~1876)

예술가 로사 보뇌르
(1822~1899)

탐험가 이자벨 에버하르트
(1877~1904)

해방 투쟁을 이끈 페트라 에레라
(1887~1917)

남장 여성의 시초라고도 할 수 있는 이는
고대 이집트의 파라오
하트셉수트(약 BCE 1508~1458)였다.

그녀는 이집트의 왕 투트모세의 딸로 태어났다.

하트셉수트가 열두 살이 되던 해,
그녀의 아버지가 세상을 떠났다.

그녀는 자신의 남동생과 정략결혼을 할 수밖에 없었다.
그녀의 남편이자 남동생은
투트모세 2세가 되어 왕의 자리에 올랐다

몇 년 후, 투트모세 2세 또한 세상을 떠났다.

이제 하트셉수트가 왕의 자리에 오를 수 있을까?

그럴 수 없었다. 그녀는 다음 왕의 자리에 오를
자신의 두 *살짜리* 사촌과 다시 정략결혼을 해야만 했다.
투트모세 Ⅲ

탁
탁
탁
그녀의 사촌은 어려서
나라를 다스리는 데 많은 도움이 필요했다.
하트셉수트는 나랏일에 관여할 수밖에 없었다.

이건 제가…
휘리릭!!
휙!
그녀는 곧 자신을
이집트의 파라오로 명명했다.

일반적으로 파라오의 역할은 남자들이 해오던 것이었기에,
그녀는 가짜 수염을 붙이고 남장을 했다.

이집트는 그녀의 통치하에
큰 발전을 이룩했다.
이전의 왕들은 주로 전쟁을 해서
영토를 넓히는 데 관심을 보였으나,
하트셉수트는 나라의 경제와 복지 분야에 심혈을 기울였다.
그녀는 아프리카 남쪽의 푼트 지역에 무역 사절단을 보냈다.
이집트는 그곳에서 황금과 향, 송진과 상아, 그리고 향수를 사들였다.
송진으로 만든
아이라이너.

여왕은 수백 개의 건축물을 지어 올렸다.
이집트 전역에서 아름다운 신전이 건축되었다.

하트셉수트는 무려 20년 이상
파라오의 지위를 누렸다.

그녀가 세상을 떠난 후 왕위를 이은
그녀의 사촌 투트모세 3세는
그녀의 업적을 지우는 데 혈안이 되었다.
하트셉
다행히도 그의 노력은
성공하지 못했다.

결혼은 수많은 여성이
자신들의 꿈을 펼치는 데 장애물이 되었다.

엄청난 집안일 때문에 자신만의 시간을 가질 수 없었거나,

하고 싶은 일을 하는 데
남편의 허락을 얻지 못했기 때문이다.

구스타프 말러
(1860~1911)
지금부터 당신은 한 가지 일만 하면 돼. 바로 나를 행복하게 해주는 일이지! 내게는 음악을 만드는 일이 적성에 맞듯, 당신에게는 동반자를 이해하고 보살펴주는 일이 적성에 맞아.
휘리릭!!
알마 말러 (1879~1964)

역사적으로 결혼한 여성은 미성년자 취급을 받았다.
당신은 남편에게 복종하기로 약속하겠습니까?

여성은 결혼과 함께
자신의 성을 잃어버렸다.
미세스 존슨
존 생어
59 킹슬리 로드
런던

실업률이 높을 때
직장에서 가장 먼저
해고를 당하는 사람들은
바로 여성이었다.

수많은 페미니스트는 결혼에 관해 비판적 목소리를 냈다.
결혼은 불행한 사람들을 위해 만들어진 것입니다.
야생의 제단에서 심벌즈와 팀파니와 같은 역할을 하죠. 그 소리는 희생자를 마비시키고 그들의 비명을 묻어버립니다.
카밀라 콜레트, 노르웨이 소설가 (1813~1895)

결혼은 자발적인 헌신을 권리와 의무로 바꾼다는 점에서 가당찮은 것이라 할 수 있어요.
시몬 드 보부아르, 프랑스 철학자 (1908~1986)

전통적 결혼과 가정의 개념을 파괴하는 것이 바로 페미니즘의 궁극적인 목적입니다.
케이트 밀릿, 미국 활동가 (1934~2017)

결혼에 회의적이었던 대표적인 여성은 스웨덴의 여왕 크리스티나(1626~1689)였다.
싫어요!

도대체 여성이 무슨 죄를 지었기에 한평생을 갇혀 살며 남성의 종으로 전락했단 말인가?
저는 수녀를 보면 감옥에 갇혀 사는 죄수가 떠오르고, 결혼한 여자를 보면 노예가 떠올라요.

여왕은 학식이 풍부하고
매우 지혜로워서
유럽의 유명한 사상가들을
자주 자신의 성으로 초대해
대화를 나누었다.
르네 데카르트
(1596~1650)
영혼에는
성별이 없어요.
엘리자베스 I

밤낮으로 책을 읽고 공부했던 그녀는
8개 국어를 자유자재로 구사할 수 있었다.
독일어
네덜란드어
덴마크어
프랑스어
아랍어
히브리어

크리스티나는 몸을 치장하는 일과
장신구에는 전혀 관심이 없었다.
싫어요!

싫다니까요!

결혼을 강요하는 주변의 압력에 견디지 못한 그녀는
결국 자신의 사촌에게 왕관을 넘겨주었다.
싫어요!

그녀는 이탈리아로 가서
가톨릭신자가 되었다.

나는 폭풍을 사랑해.
바람 한 점 없는
잔잔한 날은 두려워.

?
?
? ? ? ?
그녀의 지적 능력과
남성에 관한 무관심은
당시의 여성을 보는 시각과
일치하지 않았다.
그 때문에 크리스티나는
자웅동체라는 소문이
돌기 시작했다.

1965년, 학자들은 그 소문을 확인하기 위해
그녀의 관을 파헤쳤다.
흠…
흠…

그녀의 시신을 확인한 과학자들은
여왕이 *여성이라는* 사실을 확인했다.

물론, 무덤은 크리스티나가 트랜스젠더인지 아닌지
밝혀낼 수 없었다.

2016년 4월

1990년대 초에
당신은 순이와의 관계 때문에
사회적 비판을 받았습니다.
그 일로 마음이 많이 상했었나요?
아니요.
저는 세상의 비판에
면역이 되어 있는
사람입니다.
인터뷰 :
우디 앨런

저는 오직
영화 작업에만
집중할 뿐이에요.
할리우드 리포터

그렇다면
스캔들로 인한 정신적 충격은
받지 않았다는 말씀인가요?

네,
그렇습니다.

당신의 부인은
어떤 식으로 당신을
변화시켰나요?

아시다시피, 제 아내는
어렸을 때 한국에서
부모도 없이 길거리에서 노숙하며
배고픔에 허덕였습니다.
저는 그녀에게 엄청난 기회를
제공했지요.
그녀는 저와 함께
전 세계를
여행할 수 있었습니다.
교육을 받고 수많은 친구도
사귈 수 있었고요.
그녀는 이제 매우 고상하고
지적인 사람이 되었습니다.
다시 태어났다 해도
과언이 아니지요.
저는 그녀가 진정으로
더 나은 삶을 누릴 수 있도록
도와주었습니다.

지금 당신은 어떻게 부인의 삶을
변화시켰는지 말씀하셨습니다. 하지만,
제 질문의 요지는 그녀가 당신을 어떻게
변화시켰는가 하는 것입니다.

글쎄요…

그녀는 제게
큰 기쁨을 주었습니다.
저는 그녀를
아주 좋아하고
아껴요.

그녀는 제가 개인적인 삶을
즐길 수 있도록 배려해주었어요.

아니, 그녀가 당신을
어떤 식으로 변화시켰는지
말씀해주실 수 있을까요?

저를 어떻게
변화시켰냐고요…?

흠…

글쎄요, 잘 모르겠습니다.
물론, 당신은 그녀가 저를 변화시켰다고
말할 수 있겠지만,
저는
20대 때나 지금이나
조금도 변하지 않은
같은 사람인걸요.

당장 나가욧!

나를 변화시켰냐고?
정말
당혹스러워.
그래, 맞아.
전형적인 '남성의 시선'을
보여준 이야기였어.

'남성의 시선(the male gaze)'
이라는 표현은
1976년, 영국의 영화 이론가
로라 멀비가
처음 사용했습니다.

세상을 볼 때 남성은 남성의 시선으로 보고, 여성은 여성의 시선으로 보는 것이 잘못된 것은 아니잖아? 내가 보기엔 매우 자연스러운 것 같은데?
맞아. 하지만, 이건 누가 바라보는가에 대한 문제가 아니라, 어떻게 바라보는가에 대한 문제의식을 담고 있어.

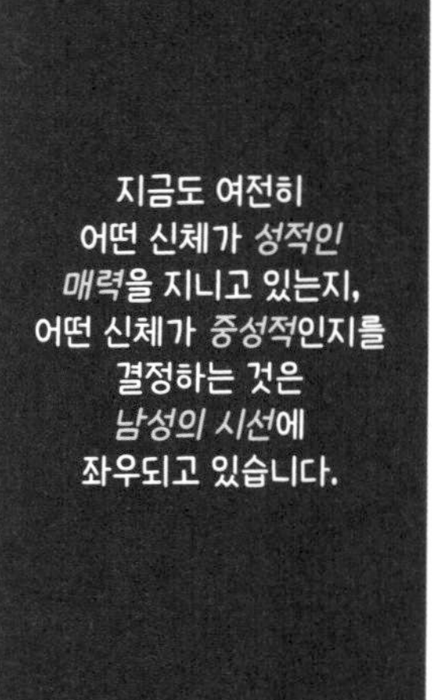
지금도 여전히
어떤 신체가 성적인
매력을 지니고 있는지,
어떤 신체가 중성적인지를
결정하는 것은
남성의 시선에
좌우되고 있습니다.

그렇지 않다면, 우리는 여성의 신체를 숨겨야만 하는 일부 문화를 어떻게 설명할 수 있을까?
서둘러!

발렌타인 세일
그를 기쁘게 만들어주세요!
팬티 파티!
공짜 컨설팅
또 길모퉁이마다 보이는 나체 광고를 어떻게 설명할 수 있을까?

사람들은 남성의 젖꼭지는 중성적으로, 여성의 젖꼭지는 성적으로 바라보는 경향이 있다.
유후~

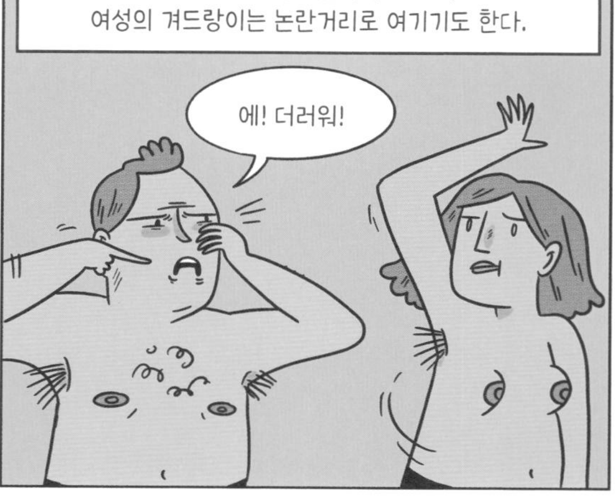
남성의 겨드랑이는 중성적이고, 여성의 겨드랑이는 논란거리로 여기기도 한다.
에! 더러워!

영화 속에서도 주로 남성이 주인공의 역할을 맡는 반면,
여성은 수동적인 역할을 맡는다.
지금 당장 만납시다!

이처럼 평범한 장소에 급히 와주셔서 감사합니다. 앉으시죠!
무슨 일인가요?
수많은 영화 속에서 미국의 스트립 바는 매우 자주 등장한다.
물론, 그곳의 스트리퍼를 주제로 한 영화는 거의 없다.

스트립 바는 단지
우연한 만남의 장소 중 하나일 뿐이다.
아버지가 **오늘 밤**에 회사를 매각할 예정이랍니다!
사기꾼 같으니라고!
여성은 남성이 간과하고 지나가는
영화 속의 도구일 뿐이다.

왜냐하면 이 여성의 이야기가 영화에서
드러나는 일은 거의 없기 때문에,
관중들은 이미 그 여성의 역할이
중요하지 않다는 것을 짐작할 수 있다.
얼른 손을 써야 해요!

그 때문에 우리는 여성의 이야기를
궁금해하지도 않는다.
내일 봐!
안녕!

우리는 그녀가 어디에 사는지,
일을 마치면 무엇을 하는지
전혀 신경 쓰지 않는다.
HOME

지금도 여전히 영화 열 편 중의 일곱 편은 주인공이 남성이다.

주연

이야기 속의 여성들은 자주 남성에 의존하는 역할로 정의된다.

조연

숫처녀의 개념은
가부장제의
여러 개념 중에서도
가장 어리석은
것이지.

수많은 종교에서
여성상 중
가장 가치 있는 인물로
숫처녀를 꼽고 있다.

자, 받아라!
72명의 숫처녀를
너에게 상으로
주겠다.

고대 로마에서는 명망 있는 가문에서 선택한
숫처녀 중에서 '베스타 신전의 여사제'를 뽑았다.
축하합니다.

베스타 신전에 오신 것을
환영합니다. 당신은 지금부터 평생
이 불씨가 꺼지지 않도록 지켜야
합니다.

평생 숫처녀로 살겠다는
약속을 어긴 여성들은
큰 벌을 받았다.
행실을
똑바로 하지 않으면
여기에 갇힐
것이오.

베스타 신전의 여성들은
성스러운 존재로 여겨졌기에
그들에게 다가가는 로마인들은
아무도 없었다. 그 때문에 여성들은
산 채로 매장당하는 일이 빈번했다.
영원히…

성적으로 활발한 여성들은 그다지 큰 인기가 없었다.
당장 저들과 함께 잠을 잤던 여성들은 물론 그들이 낳은 남자아이들까지 모두 죽여라!
모세는 적군의 여성들을 모두 죽이지 않았던 군사들에게 짜증을 냈다.

하지만 남자와 관계를 맺지 않은 어린 소녀들은 살려주어라!

창녀!
걸레!
매춘부!
발정 난 암캐!
화냥녀!

1800년대에는 여성은 성적 욕구를 느낄 수 없다는 인식이 팽배했다. 만약 성에 관심을 보이는 여성이 있으면, 환자로 취급되기 일쑤였다.
성욕이 생긴다고요?
네, 가끔…
환자 기록

환자 기록
색광
비정상
환자 기록
환자 기록
자웅동체
미쳤음
히스테리성 발작

방탕한
여자 같으니…
일간지
그를 유혹하다
뉴스
후회합니다.
국민에게 용서를…
충격!
쯧쯧…
소위 여성에게 성적인 수치심을 심어주는
'슬럿 셰이밍(slut-shaming, 여성비하)'적 발언은
역사적으로 만연한 현상이었다.
여성지
섹스 스캔들
현재에도
백과사전 기록물을 살펴보면
이러한 소문의 잔재를
많이 찾아볼 수 있다.

성적으로 방탕함
율리아 아우구스투스
(BCE 39년 출생)

성적으로
매우 방탕함
클로디아
(약 BCE 94년 출생)

음란하며
권력욕이 강함
발레리아 메살리나
(약 BCE 20년 출생)

성적으로 방탕함
마르그리트 드 발루아
(1553년 출생)

행실이
가벼움
에밀리 뒤 샤틀레
(1706년 출생)

방탕함
메테-마리트, 노르웨이 왕세자빈
(1973년 출생)

초기 슬럿 셰이밍 일화의 한 예로
프랑스혁명기의 활동가였던
샤를로트 코르데를 들 수 있다.
1793년 7월 어느 날 저녁,
그녀는 파리의 혁명가로 막대한 권력을 지녔던
장-폴 마라의 집을 찾았다.
마라
똑똑!
똑똑!

네?
비밀 저항군의
명단을
가져왔습니다.

주인님은
지금 욕조에
계시는데…
늘 그렇듯…
상관없어요!

매우 급한
일입니다!
휙

어디 한번
봅시다!!

하!!

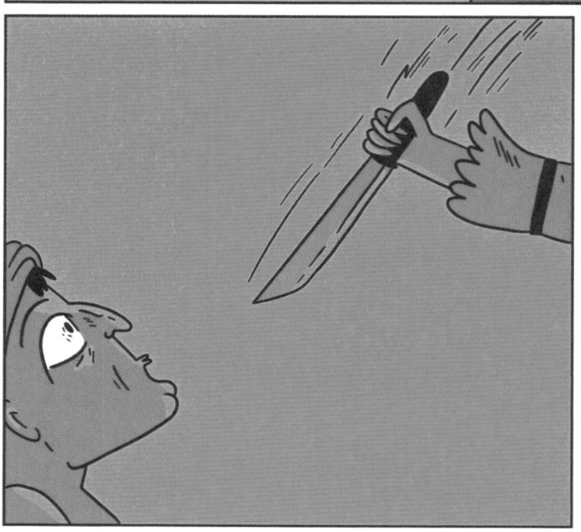

괴물은
죽었다!

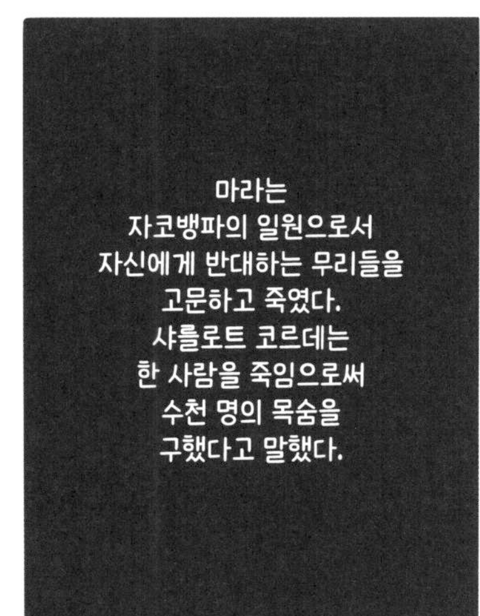
마라는
자코뱅파의 일원으로서
자신에게 반대하는 무리들을
고문하고 죽였다.
샤를로트 코르데는
한 사람을 죽임으로써
수천 명의 목숨을
구했다고 말했다.

쓱싹!!

그녀는 홀로 살인을 계획했다고 주장했지만,
자코뱅파 측에서는 절대 그럴 리가 없다며 믿지 않았다.
배후에 틀림없이 남자가 있을 거야.
틀림없어!

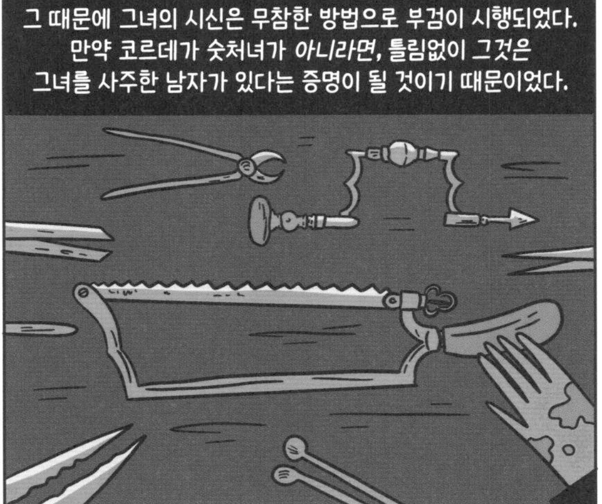
그 때문에 그녀의 시신은 무참한 방법으로 부검이 시행되었다.
만약 코르데가 숫처녀가 *아니라면*, 틀림없이 그것은
그녀를 사주한 남자가 있다는 증명이 될 것이기 때문이었다.

놀랍게도 의사는
코르데가 숫처녀라고 발표했다.
분명히
숫처녀입니다!

사실, 숫처녀의 여부를
부검을 통해 확인하는 것은
불가능해. 처녀막이라는 것은
단지 여성생식기의 일부를
감싸고 있는
얇은 피부막일 뿐이야.
쉿!
아직 이야기
다 안 끝났어.
'처녀막'의 개념은 '자궁 내막'의 일종으로
탄력성을 지닌 피부다.
여성 중에는 태어날 때부터
처녀막이 없는 사람도 있고,
일상생활 중 찢어지거나
출혈과 함께 없어지기도 한다.
따라서 처녀막 검사를 한다고 하더라도
성관계의 여부를 확인하는 것은
불가능하다.

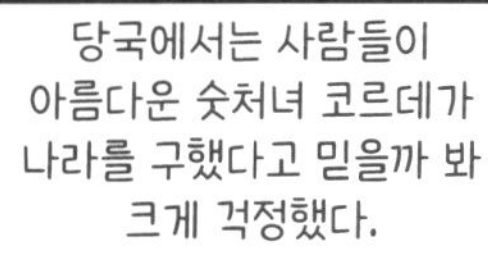
당국에서는 사람들이
아름다운 숫처녀 코르데가
나라를 구했다고 믿을까 봐
크게 걱정했다.

언뜻
잔다르크가 연상되는군.
무슨 일이라도
해야 하지
않을까?

그녀에 관해 긍정적인 소문이 번질 것을 우려한 나라에서는
서둘러 그녀의 행위를 '부정하는 작업'을 시작했다.
코르데의 초상화에
덧칠하라는 명령을 받은 예술가들은
그녀를 나이가 많고 못생긴 여자로
다시 그렸다.

불행히도 코르데의 행위는
곧 여성의 권리를 부정하는 근거로 이용되기 시작했다.
여자들은 정치에
손을 대서는
안 된다는 것이
증명되었습니다!
여성들이 운영하는
사교 클럽을 금지해야 합니다!

올랭프 드 구주의
목도 베어야
합니다!
!?!

한편 런던에서는
메리 울스턴크래프트의
'슬럿 셰이밍에 관하여'
영국 철학자이자 소설가인 메리 울스턴크래프트는
1700년대 말 런던의 급진적 문학 단체의 일원이었습니다.
자유, 평등, 박애!
메리 울스턴크래프트
윌리엄 고드윈
조지프 존슨
헨리 푸젤리
토머스 페인
J. 존슨 출판사

메리가 성장할 당시에는
오직 부유한 이들과 소년들만
교육을 받을 수 있었다.

너는
자수를 놓거라.
네.

소녀들은 자라서
청혼이 들어올 때까지 기다려야 했다.

나와
결혼해주세요!
네.

결혼 후에는
전적으로 남편의 말을 따라야 했다.

여기
가만히 있어요.
네.

하지만 메리는 이미 15세가 되던 해에
결심을 굳혔다.

저는 절대
결혼하지 않을 거예요.

가정교사, 사교계 여성, 교사 등의 직업을 거친
메리 울스턴크래프트는 작가가 되기로 결심했다.

싫어!

싫어!

싫어!

이게
좋겠군!

당시 저술 활동에서
자신의 이름을 오롯이 사용하는 여성은
거의 없었다.
사랑하는 동생
에벌리나에게,
나는 새로운 세대의
첫 번째가
되어보려고 해.

1792년, 울스턴크래프트는
『여성의 권리 옹호』라는 책을 펴내고
작가로서의 입지를 확보했다.

여성의
권리 옹호
메리 울스턴크래프트

그녀는 여성은 남성을 만족시키기 위한 존재라고
주장했던 장 자크 루소와 날카롭게 대립했다.
여자도
남자들과 마찬가지로
이성적이고 합리적입니다.
여성의
권리 옹호

여성의
권리 옹호
여자들이 과학이나 정치보다
미와 자수 등에 더 관심이 많은 이유는
그렇게 교육을 받으며
자랐기 때문이지요.
만약 소녀들도
소년들과 마찬가지로
동등한 교육을 받는다면
달라질 거예요.

그녀의 책은 사회에 큰 반향을 불러일으켰고,
메리는 하룻밤 사이에 유명해졌다.
책과 작가에 관해 토론하는 공적 논쟁의 자리는
여기저기서 볼 수 있었다.
상당히 남성적이군!
정서적으로
불안한 것 같아!
혹시 중성 인간이
아닐까?
페티코트를 입은
하이에나군!

메리 울스턴크래프트는 프랑스혁명에
큰 감명을 받았다.

그녀는 귀족에 저항하고 민주적
체제를 옹호하는 자신의 주장을 담은
팸플릿을 발간했다.

1792년 겨울, 그녀는 프랑스로 건너가
혁명의 시대를 직접 체험했다.

당시 혼란기였던 파리 곳곳에서는
폭력이 난무했다.

메리는 폭력적 문화에 관한
자신의 주장을 담은
새로운 책을 출간했다.

메리 울스턴크래프트
프랑스혁명에 관한 역사적, 도덕적 고찰

파리에 살던 한 영국인 친구를
방문했던 그녀는 미국인 선장
길버트 임레이를 만났다.

두 사람은 사랑에 빠졌고 함께
프랑스 북부 르아브르로
이사를 갔다.

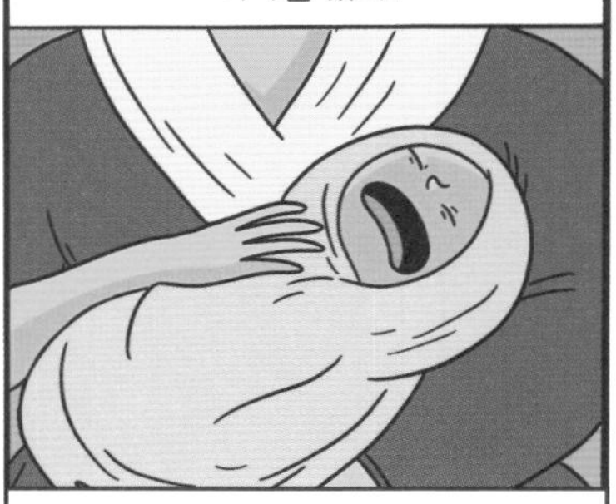

이곳에서 메리는
첫아이, 페니를 낳았다.

하지만, 임레이는 가정생활에는
관심이 없는 것으로 드러났다.

그는 여전히 여기저기를 다니며
다른 여성들을 만나는 일을 계속했다.

메리 울스턴크래프트는
프랑스를 떠나
다시 런던으로 돌아왔다.

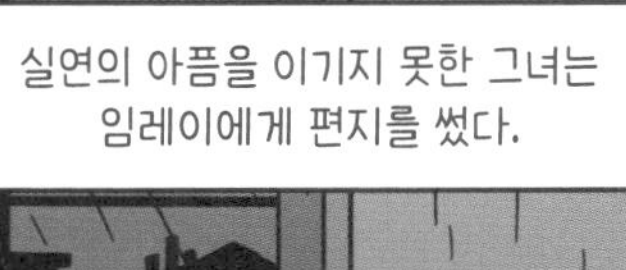
실연의 아픔을 이기지 못한 그녀는
임레이에게 편지를 썼다.

나는 템스강에 몸을 던질 거예요.
내가 찾아 떠나는 죽음에서
되돌아올 가능성이 가장 적은 곳이죠.

신이 당신을 보호하여,
당신은 절대 나와 같은 경험을
하지 않기를 바랍니다.

당신의 감정이 언젠가 다시
눈을 뜬다면,
절실히 후회하겠지요.

나의 슬픔은 단 하나.
죽음의 쓰라림이 지나간 후,
나는 너무나 비참한 삶을
살아내야만 했어요.

1796년, 그녀는 진보적 철학자 윌리엄 고드윈과 사랑에 빠졌다.
자유, 평등, 박애
메리, 당신의 책을 읽었어요. 당신은 천재적 문학가예요!

다음 해, 그녀는 다시 임신을 했다.

울스턴크래프트와 고드윈은 원칙적으로 결혼제도에 찬성하지 않았다. 그럼에도 두 사람은 앞으로 태어날 아이를 위해 결혼했다.

두 사람은 폴리곤이라 불리는 저택으로 함께 이사했다.
그곳은 두 채의 집이 나란히 붙어 있는 저택이었다. 두 사람은 각각의 집에 짐을 풀고 따로 살았고,

자주 편지를 주고받았다.

불행히도 두 사람의 독특한 결혼 생활은 오래가지 못했다.
둘째 아이를 낳던 도중 울스턴크래프트에게 태반이 파열되어 감염되는 심각한 합병증이 찾아왔다.

며칠 동안 사경을 헤매던 메리 울스턴크래프트는
38세의 나이에 산욕열로 사망했다.
목숨을 건진 딸은
어머니의 이름을 따서
메리라는 이름을 얻었다.
메리 셸리,
『프랑켄슈타인』을 집필한 작가
메리
울스턴크래프트
1759~1797

윌리엄 고드윈은
크나큰 슬픔에 잠겼다.
이 세상에서 다시는
그녀와 같은 사람을
만날 수 없을 것 같았다.
다시 행복해질 수
있으리라는
믿음도 사라졌다.

여성의
권리 옹호
저자의 회고록
3년 후, 그는
아내의 일대기를
책으로 출간했다.

그는 두 사람의 사랑을
회고하며 책을 썼지만,
대중은 적나라하게 드러난
그들의 개인사에
놀라움을 감추지 못했다.
결과적으로 메리는
세상을 떠난 후에도
스캔들의 주인공이 되었다.
여자가
결혼도 하지 않고
애를 낳았나 봐?
자살 시도?
어떻게 그런 일을!

작가와 시인 들은
그녀를 주인공으로 한
풍자극과 소설을 썼다.

메리 울스턴크래프트의 평판은
19세기 내내 철저히 무너졌다.

그녀의 저서들은
새로운 여성 인권운동의 흐름을 타고
다시 부각되기 시작했다.
메리 울스턴크래프트

그녀의 영향력은 루크레티아 모트, 엘리자베스 케이디 스탠턴,
엠마 골드만, 밀리센트 포셋 등
여권운동의 개척자들에게 큰 영향을 주었다.
메리 울스턴크래프트
현재 그녀는
초기 페미니즘의 대모로
일컬어지고 있다.

메리 울스턴크래프트가
감명을 받고
샤를로트 코르데가 참여한
프랑스혁명이 있은 지
100년이 훨씬 지난 후,
러시아혁명이 일어났다.

러시아혁명에 적극적으로 가담한 여성은
알렉산드라 콜론타이(1872~1952)였다.
여성 노동조합
자유를
달라!
자유!

콜론타이는 20대 초반에 결혼을 했으나,
사회학을 공부하기 위해 가족을 떠나 스위스로 갔다.

그녀는 스위스에서 사회주의 페미니스트였던
클라라 체트킨과 만나, 곧 협력을 시작했다.

알렉산드라 콜론타이는 블라디미르 레닌과
매우 가까운 사이였다. 1917년 10월 혁명이 일어난 후,
그녀는 후생복지담당 인민위원으로 임명되었다.
그녀는 일련의 급진적 제도를
차례차례 마련했다.

동일 노동
동일 임금

여성들은 육아휴가 및 수유 시간에도
임금을 받을 수 있었다.

이혼을 하는 것과 중절 수술을 하는 것도
이전보다 쉬워졌다.

콜론타이는 자유연애와
여성의 성적 해방을
주창했다.
결혼제도는
없어져야 해!

그녀는 특히 집단주의 체제에
큰 관심을 보였다.

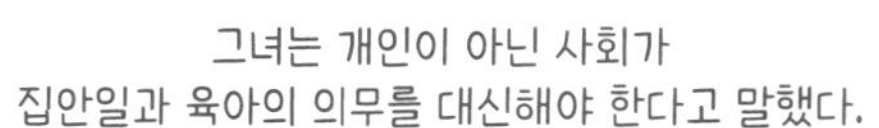

그녀는 개인이 아닌 사회가
집안일과 육아의 의무를 대신해야 한다고 말했다.

러시아의 수많은 보수주의자는
그녀의 이러한 주장이 젊은 세대를 오염시킨다고 비판했다.
시간이 흐르자
그녀의 공산주의자 지인들도
그녀에게서 등을 돌리기
시작했다.

1921년이 되자 레닌과 레오 트로츠키조차
그녀에게 슬럿 셰이밍적 태도를 보이기 시작했다.
아마존!
발키리!
요시프 스탈린은 권력을 잡자마자
새로운 개혁 정책을 모두 제거했다.

알렉산드라 콜론타이는 스탈린 정권하에서
살아남은 몇 안 되는 볼셰비키 당원이었다.

그녀는 노르웨이, 스웨덴 등지에서 수년 동안
망명 생활을 했으며, 전 세계에서 최초로
여성 대사의 임무를 수행했다.

서구문화 역사에서는
수많은 천재를 볼 수 있답니다.

요한 볼프강 폰 괴테
1749~1832
예로
이 사람을
들 수 있죠.
맞아요.
독일 작가 괴테도
천재였답니다.

심지어 만능 천재였죠!
철학자
시인
정치인
과학자

위키백과에 따르면 천재는 '특출난 정신적 능력을 갖춘 사람으로서, 뛰어난 지성 또는 강렬한 창의적 능력을 지닌 사람'으로 정의해요.

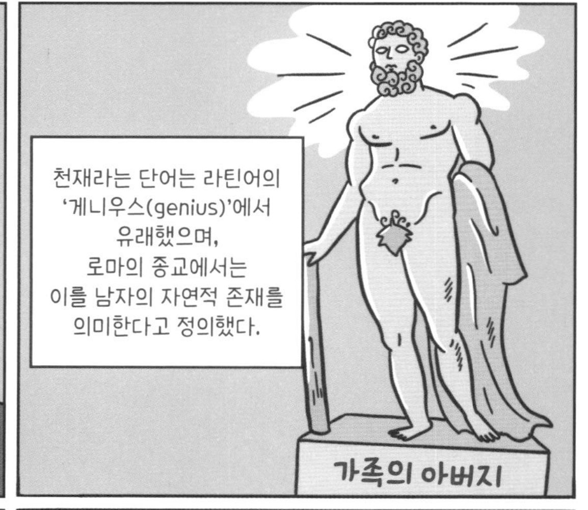
천재라는 단어는 라틴어의 '게니우스(genius)'에서 유래했으며, 로마의 종교에서는 이를 남자의 자연적 존재를 의미한다고 정의했다.
가족의 아버지

괴테는 어린 시절부터 천재적 재능을 보였다.
지혜로운 자에게 수염을!
그는 일곱 살에 시를 썼고, 아홉 살에 그리스어, 라틴어를 섭렵했으며 피아노 연주는 물론 펜싱에도 자질을 보였다.

괴테의 가족에게는 청소부, 요리사, 그리고 가족 전담의 가발 제조업자로 구성된 세 명의 하인이 있었다.

하지만, 그는 문학에 더 큰 관심이 있었다.

…그리고 여자들에게도 큰 관심을 보였다.

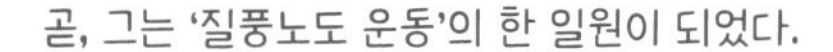
곧, 그는 '질풍노도 운동'의 한 일원이 되었다.

'질풍노도 운동'은 당시 계몽 사회를 지배했던
냉철한 이성에 반대하여 발생한 움직임이었다.

'질풍노도 운동'에 속한 문학인들은
감정과 정서, 자연과 낭만에
관심이 있었다.

그 시기에 가장 중요한 책은 괴테가 쓴 책이었다.
젊은
베르테르의
슬픔
요한 볼프강
폰 괴테

책은 로테라는 여성을 짝사랑하는
낭만주의자 베르테르의 이야기를 그렸다.

불행히도 로테는 알베르트와 약혼을 했다.
안녕! 친구들!!

베르테르는 알베르트와 로테의 주변을 맴돌았다.

함께 즐겁게 지내보자고!

두 사람은 이런 베르테르를
서서히 멀리하기 시작했다.

베르테르는 이를 견디지 못하고 자살했다.

책은 젊은이들 사이에서 큰 반향을 일으켰다.
불행히도 수많은 젊은이들이
책을 문자 그대로 이해한 나머지 자살하기도 했다.

어떤 이들은 베르테르의 옷차림을 따라 하고,

오, 이 공허함이여!
나의 가슴을 후벼 파는 이 비참한 공허함이여!

베르테르의 말투를 따라 하기도 했다.

베르테르처럼

역사학자들은 이 책 때문에 2천여 명의 젊은이들이
스스로 목숨을 끊었다고 추정했다.

반면, 괴테는 하룻밤 사이에
인기 있는 작가가 되어 유명세를 즐겼다.

하지만, 그는 이미 베르테르와 낭만주의에 싫증을 느끼고 있었다.
그는 위대한 일생의 작업인 『파우스트』 집필에
집중하기 시작했다.
파우스트
요한 볼프강
폰 괴테

닥터 파우스트
조용히 하시오!
천재가
집필 중입니다!!
이 책은 독일의 전설에 나오는
천재가 되고 싶어 하는
요한 파우스트의 일대기를
그린 것이었다.
그의 꿈은 전지전능한 존재가
되는 것이었다.

메피스토
그는 꿈을 이루기 위해 자신의 영혼을 악마에게 팔아버린다.

그는 세계 곳곳을 다니며
악마에게서 부여받은 재능을 사용한다.

그는 젊고 순수한 여성 그레트헨을 유혹한다.
그녀는 교회에 열심히 다니며, 베를 짜고,
아름다운 목소리로 노래를 했다.

다른 문학 세계와 마찬가지로,
그레트헨 또한
실존하는 사람이라기보다는
완벽한 아름다움을 상징하는
존재에 지나지 않았어.

파우스트는 그녀의 오빠를 죽이고,
제정신이 아닌 그레트헨은
자신의 아이를 죽인다.
미쳐버린 그녀는 교수형을 당한다.

연극은
신이 파우스트를 용서하고,
파우스트는 악마에게서
영혼을 되찾는 것으로
마무리된다.

훠훠훠!
그런데 신은 왜
용서를 베풀었을까?
누군가 지옥으로 가야 한다면
바로 파우스트가 아닐까?
어쩌면 신은
전지전능함을 꿈꾸는
그에게서 동병상련을
느꼈던 것이 아닐까?

그런데
'천재'라는 개념
말이야…
응? 왜?

이젠 그 개념이
좀 바뀌어야 하지 않을까?

천재
라틴어:
게니우스(Genius), 게니(Genii)
천재는 주변으로부터
천재라고 인정받는
사람을 말한다.

역사를 통해 페미니스트들은
전 세계적으로
조롱과 괴롭힘을 당했다.
중세에는
권위에 대항하는 여성들을
불에 태워 죽이기도 했다.

1700년대에는
페미니스트라고 알려진 여성들이
단두대에서 교수형을 당하기도 했다.
1800년대에는
참정권을 주장하는 여성들이
감옥에 갇히기도 했다.

현재에도
이란, 사우디아라비아와 같은
나라에서는
수많은 여성 활동가들이
감옥에 갇혀 있다.

그 이유는
그들이 신체의 일부를 드러내거나
여러 가지 다른 방법을 사용해
여성의 권리를 위해
싸웠기 때문이다.

페미니스트들은 신문에서 희화화되며,
정서가 메마르며 화를 잘 내고
매력이 없는 여성으로 낙인찍혔다.
어휴,
세상에!
왝왝!!

불감증
진단은
확실해
보입니다.
전문가 박사

어머니의 역할을 해내지 못하는 여성
우리에게
참정권을 달라!
그런데 당신 아이들은
지금 어디에 있나요?

여성해방운동에
저항하는
남성들의 움직임은
아마도 여성해방 그 자체보다
더 흥미로울지도
모릅니다.
버지니아 울프
(1882~1941)

그럼에도 불구하고,
시대를 거듭할수록
당당하게 스스로
페미니스트라 외치는 여성들이
점점 늘어나고 있다.
#미투
페미니스트는
이렇게
생겼어요

인터넷을 기반으로
국경을 넘어 소통하는 일도 훨씬 쉬워졌다.

대규모의 집회를 여는 일도
훨씬 쉬워졌다.
가부장제를
깨부수자!
여성들의
행진

오늘날에는 과거에 비해
고등교육을 받은 여성의 숫자가 많이 늘었다.
여성들의 권위와 힘도 그 어느 때보다 더 강해졌다.

제 어머니는
자주 이렇게 말했답니다.
"카멀라, 너는 세상에서
첫 번째가 될 수도 있을 거야.
하지만, 가장 마지막은 되지 마라."
바라볼 수 있는
용기를 잃지 않는다면
어디서든 빛을 찾을 수 있어요.
용기만 잃지 않는다면
그 어떤 것도 가능하죠.
어맨다 고먼
카멀라 해리스
혐오자들이
당신의 외모를 헐뜯는다면,
그들이 궁지에 몰렸다는 이야기랍니다.
그렇다면 당신은 곧
승리할 수 있다는 것을
알 수 있어요!
그레타 툰베리
알렉산드리아
오카시오-코르테스
이제 여성들은
화낼 때도 예의를 갖춰야 한다는
생각을 접어야 합니다.
아직도 우리 사회는
남성과 마찬가지로 힘과 권력을 가진 여성을
받아들이기를 주저합니다.
하지만, 우리는 남성과 다르지 않습니다.
바로 그 때문에 남자들이 미치려고 하죠.
리마 보위

유리 천장은 투명한 유리로 되어 있기 때문에 눈에 잘 보이지 않습니다. 우리에게 필요한 것은 창공을 날아다니며 유리 위에 똥을 싸는 새들이죠. 그러면, 우리는 유리 천장을 더욱 확실하게 볼 수 있을 거예요.
새로운 세상은 곧 도래할 것입니다. 사방이 고요한 날이면, 나는 그 세상의 숨소리를 들을 수도 있어요.
아룬다티 로이
나는 우리가 직면한 어려움에도 불구하고 여전히 미래는 여성적일 것이라 확신합니다.
케이틀린 모런
집세를 스스로 낼 수 있는 여자라면 착한 척할 필요가 없어요.
힐러리 클린턴
엘리자베스 워첼
페미니즘은 종종 여성들이 지금까지 인식하지 못했던 경험에 대한 이야기이고, 안티페미니즘은 종종 이것을 사실이 아니라 부정하는 남자들의 이야기예요.
헬레 토르닝-슈미트
정치적 경험이 전무하고, 다섯 명의 남자와 연애를 하면서 그들과의 사이에서 자식을 세 명이나 낳은, 남성의 성기를 움켜쥐는 것에 대해 거리낌 없이 이야기하는 여성이 미국의 대통령이 되는 것을 상상할 수 있습니까?
리베카 솔닛

현대 페미니즘 운동의 흐름은
서로 다른 형태의 차별을 동등하게 다루고 있다.

'이방인'으로 낙인찍히는 것을 경험하는 주체는
단지 여성뿐만이 아니다.

사회의 일반적인 표준에 속하지 않는 사람들은
누구나 자신의 권리를 위해 싸워야 한다.

짱그랑
이번에는
꼭 성공할 수 있겠지!
물론이지.
가부장제는 곧
몰락할 거야.

?
여자들은 게을러요.
?

여자는 뱀처럼
사악해요.

실례합니다.
당신들은 우리를
너무 엄격한 눈으로
바라보는 것 같군요.
맞아요.
음.
배배배…뱀이라니까…
맞아요.
우리는 단지 그 시대에
남자로 태어나 시대상에 맞추어
살았던 것뿐이에요.

네, 물론 그렇겠죠.

하지만, 당신들은
철학자나 '천재'로 살아오면서
가장 중요한 일을 하지 않았어요.
삶을 살며 새로운 사고를
해야 하는 것 아닌가요?
맞아요. 일반적인 틀에서
벗어난 사고를 해야 하잖아요!

그런데,
당신들은 성과 관련해
단지 기존의 고정관념만
지켜왔을 뿐이에요.
매우 실망스럽군요.

어쨌든
이 자리에 다 함께 모였으니,
성적을 매겨보는 건
어떨까요?
최악의
성차별주의자를
뽑아보는 건
어때요?

오,
합당한 후보자가
너무 많군요!
DET NYE TESTAMENTET

저는 사도바울이
시상대 위 자리 하나를
차지해야 한다고 생각해요.
그토록 긴 시간 동안
우리 여성들을 침묵하게
만들었으니까요.
신약성경
그래요.
당신에게 동메달을
수여하겠습니다.
감사합니다!!
하지만 조용히 하세요.
여자들은 사람들이 모인 자리에서
큰 목소리를 내면 안 된답니다!
짝
짝
짝
짝
짝
짝
짝
짝
신약성경
1
2
3
최악의 성차별주의자

은메달은
철학자에게 수여하겠습니다!

장 자크 루소!

여러분도 아시다시피
여성의 가장 중요한 임무는
남성을 만족시키는 거예요.
감사합니다!
짝
짝
짝
축하합니다!
짝
짝
2

이제 금메달을 수여하겠습니다.
금메달은…
두두두둥!

아리스토텔레스!!
감사해요.
최고의 후보자라는 건 두말할 필요가 없어.
축하합니다.
최악의 성차별주의자

입선자
도널드 트럼프
아야톨라흐 코메이니
제프리 엡스타인
파블로 피카소
실비오 베를루스코니
자이르 보우소나루
빅토르 오르반
블라디미르 푸틴
하인리히 하이네
도미니크 스트로스칸
알 켈리
잭 케루악
레제프 타이이프 에르도안
하비 와인스타인
빌 코스비
잉마르 베리만
휴 헤프너
노먼 메일러
리처드 폴웰
알렉산드르 루카셴코
야로슬라프 카친스키
토드 아키
조던 피터슨
구스타브 비겔란드
사울 벨로우
크누트 함순
요한 크리스티안 헤우크
로만 폴란스키
러쉬 림보
비에른 아프 셀리우스
올레 올센 말름
존 웨인
악셀 옌센
칼 다비드 아프 비르센
테리 리처드슨
래리 플린트
오토 바이닝거
윌리엄 액턴
토머스 아퀴나스
윌리엄 S. 버로스
테오도어 폰 비쇼프
니콜라스 레티프 드 라 브르톤느
구스타프 말러
피에르 오귀스트 르누아르
아우구스티누스
찰스 다윈
마르틴 루터
아우구스트 스트린드베리
지크문트 프로이트
알베르트 아인슈타인
나폴레옹 보나파르트
고타마 붓다
아인 랜드
샤를 보들레르
라스 폰 트리에
토미 베르그렌
예르겐 레트
피어스 모건
존 폴 게티
루드비그 네사
스티브 배넌
조셉 샤이들러
프랑크 파봘
스튜어트 앨런 클라크
줄리앙 블랑
엘비스 프레슬리
J. D. 샐린저
예란 람베르

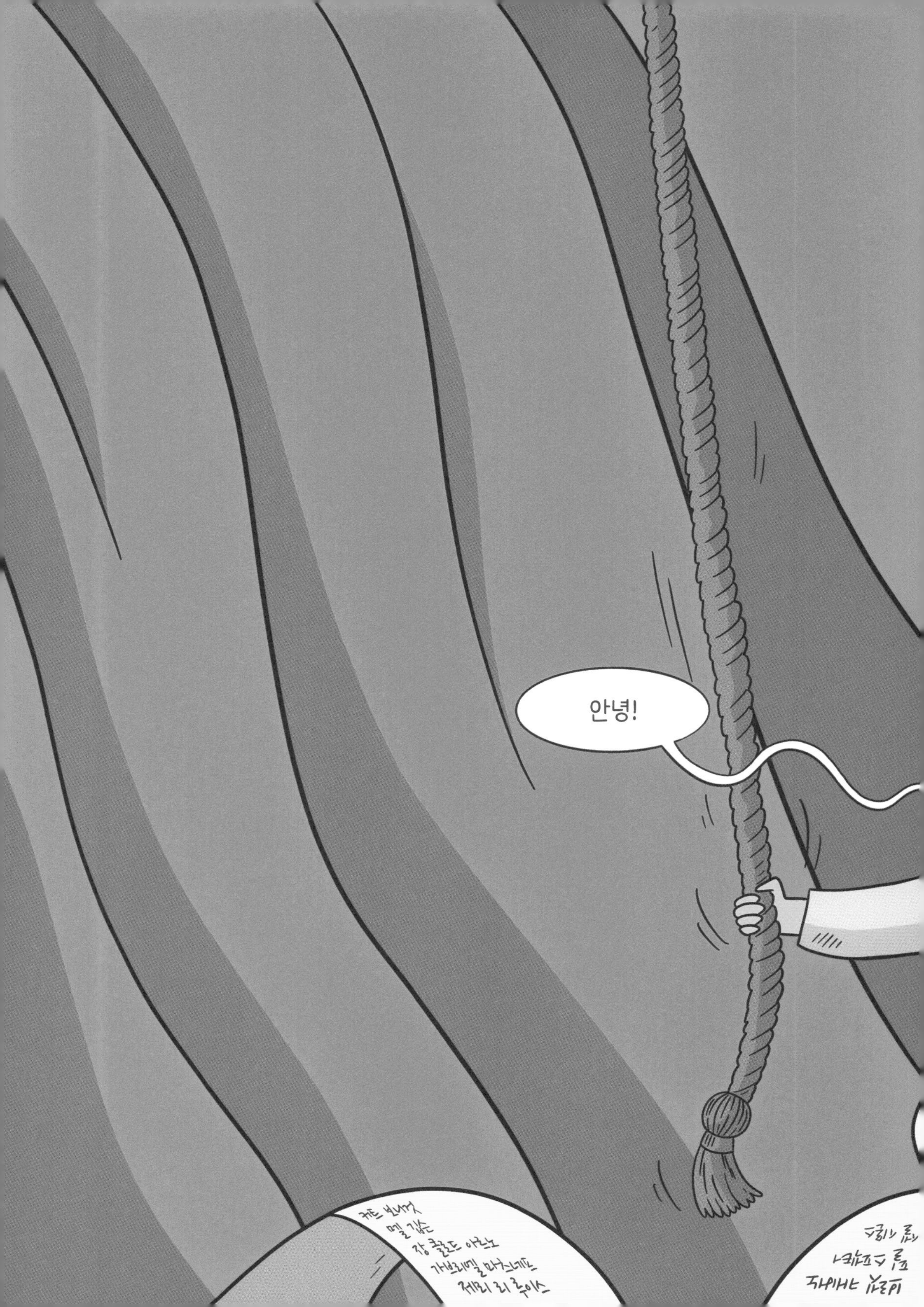
안녕!
커트 보니것
멜 깁슨
가브리엘 마르케스
제리 리 루이스

추천·해제

가부장제가 사라진 미래완료의 세계에서

권김현영

별똥별에 빌었다

"이제 한 시간 남았어." 별똥별이 떨어진다고 예고된 시간에서 딱 한 시간이 남았다. 지하철에서 빈번하게 일어나는 성추행 문제 해결을 촉구하는 퍼포먼스를 하자고 결정하고 회의를 거듭하는 중이었다. 사상 최대의 우주 쇼가 펼쳐질 거라며 며칠 전부터 뉴스가 떠들썩했다. 다섯 명 중 두 명은 회의를 마치고 별을 보러 갈 준비를 하자고 엉덩이를 들썩였고, 두 명은 눈가에 졸음이 가득했다. 나머지 한 명은 가능한 한 이 회의를 빨리 끝내기로 마음먹었다. 그렇게 번개같이 지하철 성추행 방지를 위한 5분짜리 게릴라 퍼포먼스를 결정하고 각자 할 역할도 정한 다음에 별 보기에 좋다고 찜해놓았던 근처 공원의 공터로 달려갔다. "와 별똥별이다" "소원 빌자" "무슨 소원 빌었어?" "비밀이야" "뭔데 뭔데" "웃으면 안 돼" "응 약속할게" "가부장제 박살 나라고" "이야, 별똥별을 보면서 가부장제 박살 나라고 비는 사람이 될 줄은 꿈에도 몰랐어" "우리 완전 찐 페미가 되었구나" 별똥별을 본 건 3초였는데, 우리는 족히 30분은 쓰러져 잔디밭을 구르며 웃었다. 이때가 1997년이니까 나라가 망했다고 세상이 떠들썩하던 시절이었다. 대체 인생이 어디로 갈지 알 수 없어 몹시 불안했지만 다가올 미래가 궁금했다. 그때만 해도 나는 내가 여성이 평등하다고 배웠던 첫 번째 세대인 줄 알았다. 교과서와 법에서 여성과 남성은 평등하다고 분명하게 명시되어 있었을 뿐만 아니라, 주변의 어르신들이 틈만 나면 요즘 젊은 여자애들은 옛날 같았으면 꿈도 못 꿀 자유를 누리고 산다고 했었기 때문이다. 나중에서야 『가부장제 깨부수기』에 나오는 앞서 태어난 여성들의 고군분투를 알게 되었다. 이들의 존재와 활동을 더 빨리 알았더라면 20대와 30대를 그렇게 불안해하면서 보내지 않았을지도 모르겠다.

가부장제는 몰락하지 않았다

1997년의 경제위기는 한국 사회의 많은 것을 바꾸어놓았다. 기업이 줄이어 도산하고 수많은 사람이 정리해고되고 자산가치는 급락했다. 남자 혼자 벌어서 4인 가족의 생계를 부양하는 것은 점점 더 어려워졌다. 그렇다면 경제위기는 곧 '가부장제의 쇠퇴(Decline of Patriarchy)'로 이어졌을까? 이는 가부장제를 정의하는 방식에 따라 다르게 평가할 수 있다. 우선 가부장제(Patriarchy)라는 용어부터 정의해보자. 가부장제라는 용어의 역사적 기원은 그리스 로마 시대로 거슬러 올라간다. 이때 가부장제는 남성 가장이 나머지 모든 가족구성원들에 대해 절대적인 법적, 정치적 권리를 가지는 체제를 의미했다. 이때 여성은 개인이 아니라 아내와 엄마, 딸이라는 가족구성원으로서만 존재할 수 있었으며 남성 가장의 말은 곧 법이었다. 하지만 가족제도가 변화하고 사회적 신분관계 또한 크게 변동되면서 가부장제에 대한 정의 역시 변화하게 된다. 여성학, 인류학, 사회학, 역사학 등에서 가부장제는 단순히 가족 내에서의 남성 지배를 지칭하는 개념이 아니라 남성 지배를 유지하는 생산양식과 가치체계 전반을 지칭하는 확장된 개념으로 사용한다. 이 책에서는 가부장제를 '남성이 더 큰 힘과 권력을 가지고 있고 더 많은 돈을 벌고, 여성보다 더 중요한 존재로 보이는 사회'라고 정의하고 있다. 이때 가부장제는 단지 아버지가 가족의 가장 노릇을 하면서 어머니와 자녀들을 사실상 예속적 지위에 놓는 가족구조와 문화만을 지칭하는 것이 아니다. 가부장제란 남성과 여성 사이의 불평등구조를 형성하는 정치, 사회, 경제 시스템에 내재한 사회관계, 신념과 가치체계를 의미한다. 페미니스트 역사학자 거다 러너(Gerda Lerner)와 페미니스트 사회학자 실비아 월비(Sylvia Walby)는 가부장제를 현대에 맞게 새롭게 재정의했다. 거다 러너는 가족뿐만 아니라 사회의 모든 중요한 제도에서 남성이 권력을 쥐며 여성은 권력에 대한 접근을 박탈당하는 남성 지배구조를 가부장제라고 정의한다.[1] 실비아 월비는 가부장제를 가족 안에서 지속되고 있는 남성 지배를 의미하는 '사적 가부장제'와 정치, 사회, 문화 전반에서의 남성 지배를 의미하는 '공적 가부장제'로 나누고 현대의 가부장제는 점점 더 '공적 가부장제'로 이행되고 있다고 설명한다.[2]

IMF 경제위기 당시 생계 부양자로서의 남성 가장의 지위는 흔들렸지만 그것이 곧 여성의 지위 향상으로 이어진 것은 아니었다. 오히려 가부장제의 몰락을 막기 위한 적극적인 구제조치들이 곳곳에서 이루어졌다. 예컨대 부부가 한 회사에 다니면 남성이 생계 부양자라는 이유로 부부 중 여성이 우선 해고되었고, 비혼의 젊은 여성들은 가족부양 책임이 적다는 이유로 정리해고 명단의 위 줄에 올라갔다. 가부장제는 몰락하지 않았다. 남성의 위기에 모두를 동원하면서 다시 새롭게 변형되었을 뿐이다.

변화하는 성차별주의자의 얼굴

지난 수 세기 동안 여성은 교육받을 권리, 정치활동에 참여할 권리, 돈을 벌거나 계약할 수 있는 권리, 이혼할 권리, 피임과 임신중지의 권리 등을 차례로 쟁취해왔다. 그럴 때마다 이제 여성 개인이 노력하기만 하면 여성이라는 성별은 아무런 장벽이 되지 않는 시대가 왔다는 호들갑이 이어졌다. 마치 노예제가 폐지된 즉시 인종차별이 사라지기라도 한 것처럼 말이다. 2022년 제20대 대통령 선거의 당선자는 "구조적 성차별은 더 이상 없다"라고 했다. 외신에서는 이 발언을 크게 보도했는데 만약 이 말이 사실이라면 전 세계의 인류학자들이 대거 한국에 와서 가부장제 몰락 이후의 사회에 대한 연구를 시작했을 것이다. 하지만 누구도 한국에 구조적 성차별이 없다는 주장을 진지하게 받아들이지는 않았다. 대신에 한국의 새로운 대통령이 성차별주의자라는 사실만 널리 알려졌다.

---

1 거다 러너(1986), 『가부장제의 창조(The Creation of Patriarchy)』, 당대, 2004, 413쪽.

2 실비아 월비(1990), 『가부장제 이론(Theorizing patriarchy)』, 이화여자대학교출판부, 1996, 275쪽.

여성은 더 이상 약자가 아니고 차별받지도 않는다는 주장은 새로운 얘기는 아니다. 하지만 가부장제가 변화했듯이 성차별주의자들 역시 변화했다. 예전의 성차별은 어쩔 수 없는 자연의 섭리와 같다는 소리를 하는 '성차별 근본주의자'들이 가장 큰 해악을 끼치는 이들이었다면 요즘은 버젓이 눈앞에 성차별이 존재하는데도 없다고 단언하는 '성차별 부인주의자'들의 궤변이 기세등등하다. 적대적이 아니라 온정적이고 신사적인 얼굴로 등장하기도 한다. 백 년 전 여성에게 참정권을 달라고 시위하던 여성 참정권론자(서프러제트, Suffragette)에게 중절모를 쓴 신사들은 왜 귀부인들이 정치 같은 골치 아픈 일에 관여하려고 하냐며 남성에게만 참정권이 있는 건 여성에 대한 배제가 아닌 배려라는 헛소리를 한 적이 있다. 이런 사람들을 '온정적 성차별주의자(Benevolent Sexist)'라고 부른다. 또한 문제 자체의 초점을 이동시키는 경우도 있다. 문제는 성차별이 아니라 젠더 갈등에 있다는 식이다. 문제의 초점이 이렇게 이동하면 문제해결에 대한 방법론도 달라진다. 성차별이 문제라면 성차별을 없애는 방향으로 가겠지만 젠더 갈등이 문제라면 갈등 자체를 제거해야 한다는 해법이 등장한다. 성차별주의자들이 아니라 성차별을 없애자는 페미니스트들이 문제의 원인으로 지목되었다. 성차별을 없애기 위한 페미니스트들의 집단행동은 언제나 지나치게 과격하다는 취급을 받았고 거센 반발에 부딪혔다. 오죽하면 버지니아 울프는 이렇게 말했겠는가. "여성해방운동에 저항하는 남성들의 움직임은 아마도 여성해방 그 자체보다 더 흥미롭다"라고.

역사를 알고 이름을 기억하기

이 책에는 위대한 남성 학자들이 얼마나 지독한 성차별주의자였는지에 대한 긴 목록이 나온다. 루소, 칸트, 쇼펜하우어, 소포클레스, 사도바울은 국적과 시대와 사상이 모두 다른 이들인데 여자들이 제발 입을 다물고 남자의 말을 순순히 들었으면 좋겠다는 생각만은 비슷하다. 사도바울은 "여자들은 묵묵히 가르침을 받고 모든 일에 복종하고 조용히 있어야 한다"라고 몇 번이나 강조한 결과 성차별주의자의 올림픽에서 당당히 동메달을 수상해 시상대에 올랐는데, 독자들은 각자 자신만의 성차별주의자 올림픽을 개최해봐도 좋을 것 같다. 나는 피타고라스에게 한 표를 주었다. 아무리 뛰어난 수학자라도 성차별 문제 앞에서는 논리적 사고 능력을 잃어버렸구나 싶다. 원래 알고 있던 위대한 이름을 성차별주의자의 목록으로 다시 배치하고, 미처 몰랐던 이름과 이름만 겨우 알고 있던 인물들이 역동적이고 재치 있는 그림으로 다시 눈앞에 정렬되어 펼쳐진다. 책의 앞표지 면지에는 두 페이지에 걸쳐 성차별주의와 싸웠던 다양한 인종과 세대를 아우르는 여성의 얼굴들이 한눈 가득 들어온다. 뒤표지 면지에도 똑같은 그림이 다시 한번 나오는데 처음에는 낯설었던 얼굴이 아는 얼굴이 되어 있는 놀라운 경험을 할 수 있다.

성차별과 싸웠던 여성들의 역사를 기억하자. 여성들 간의 차이가 우리를 서로 만나기 어렵게 할지라도 이것만은 기억해두자. 모든 여성이 모든 남성보다 지위가 낮은 건 아니다. 하지만 아무리 높은 지위에 올라간 여성이라 해도 그 위에는 남자가 있다. 스웨덴의 여왕이었던 크리스티나(1626~1689)는 약

삼백 년 후인 1965년에 관이 파헤쳐졌다.[3] 여왕의 '성적 구조'에 대한 의혹이 제기되었기 때문이다. 다시 말해 여왕이 생물학적으로 여자가 아닐 수도 있을 것이라고 생각한 이들은 크리스티나가 결혼을 거부했고 의상 및 액세서리에 관심이 없었으며 수학, 천문학, 철학 등과 같은 정교한 학문에 통달했고 8개 국어를 할 줄 안다는 것을 두고 이를 '여자가 아닐지도 모른다는 증거'로 제출했다. 여성의 지적 능력은 여자답지 못한 증거가 되었고, 아름다운 여성들은 오직 육체로만 존재할 수 있었다. 프랑스의 인상주의 화가 르누아르는 여성의 육체를 풍만하고 아름답게 그리는 것으로 정평이 났다. 르누아르의 이 말은 여성의 아름다움을 찬양하는 남자 작가들의 이면을 아주 잘 드러낸다. "저는 여류 작가, 여성 변호사, 여성 정치인들이 모두 괴물이라고 생각합니다. 조르주 상드를 비롯한 그 부류의 여성들은 다리 다섯 개를 가진 괴물 같아요." 이제 여성들은 여성을 숭배한다고 하는 말 역시 가부장제의 남성 지배구조의 일부라는 것을 알았다. 모르는 게 약이었던 시대는 이미 지나갔다.

미래가 오면

이강승과 베아트리스 코르테스(Beatriz Cortez)는 2020년부터 〈미래완료〉라는 제목으로 설치작업을 하고 있다. 한국어, 스페인어, 영어로 각각 "미래가 오면(When the future comes)"이라는 표현으로 시작되는 문장을 관객들로부터 수집하고 이 문장으로부터 다음 전시장의 작품이 만들어진다. 이 전시의 제목인 〈미래완료〉는 이탈리아의 페미니스트 철학자 로지 브라이도티(Rosi Braidotti)가 한 제안이다.[4] 이 말을 빌려 〈미래완료〉의 문장을 만들어본다. 미래가 오면, 우리는 두려움 없이 사랑하고 혐오 없이 욕망할 수 있을 것이다. 가부장제 없는 미래가 오면.

---

3 크리스티나 여왕의 성별에 대해 사후 제기된 의혹에 대해서 관심이 있으면 다음 책을 찾아보라.
리브 스트룀키스트(2014), 『이브 프로젝트: 페미니스트를 위한 여성 성기의 역사』, 푸른지식, 2018, 27쪽.

4 전시 소개: https://artsandculture.google.com/asset/the-future-perfec-kang-seung-lee-beatriz-cortez/TgHo0WKOJHfzIQ?hl=ko

참고 문헌

Aasen, Elisabeth: *Driftige damer. Lærde og ledende kvinner gjennom tidene* (Pax, 1993)

Adichie, Chimamanda Ngozi: *"We Should All Be Feminists" (Fourth Estate, 2014)*
치마만다 응고지 아디치에, 김명남 역, 『우리는 모두 페미니스트가 되어야 합니다』, 창비, 2016

Anderson, Bonnie S. og Judith P. Zinsser: *A History of their own. Women in Europe from Prehistory to the Present* (Oxford University Press, 2005)

Ates, Seyran: *Islam trenger en seksuell revolusjon* (Aschehoug forlag, 2019)

Beard, Mary: *"Women & Power: A Manifesto" (Profile Books, 2017)*
메리 비어드, 오수원 역, 『여성, 전적으로 권력에 관한』, 글항아리, 2018

Bardsley, Wendy Louise: *The Passions of Mary Wollstonecraft* (Methuen Publishing Ltd, 2017)

Björk, Nina: *Under det rosa teppet. Et blikk på 90-tallets feminisme* (Gyldendal forlag, 1998)

Blom, Ida (ed.): *Cappelens kvinnehistorie* (Cappelen forlag, 1992)

Bock, Gisela: *Women in European History* (Blackwell, 2002)

Brantenberg, Gerd: *"Egalia's Daughters" Translated by Louis Mackay (Avalon Publishing Group, 2004)*
게르드 브란튼베르그, 히스테리아 역, 『이갈리아의 딸들』, 황금가지, 1996

Brochmann, Nina/Dahl, Ellen Støkken: *"The Wonder Down Under: A User's Guide to the Vagina" Translated by Lucy Moffatt (Yellow Kite, 2018)*

Bridges, Shirin Yim: *Hatshepsut of Egypt* (Goosebottom Books, 2010)

Burton, Nina: *Den nya kvinnostaden. Pionjärer och glömda kvinnor under tvåtusen år* (Albert Bonniers Förlag, 2006)

Various authors: *Kvinne kjenn din kropp. Ei håndbok* (Pax forlag, 1975)

Various authors: *Kvinnliga författare. Kvinnornas litteraturhistoria från antiken till våra dagar* (Almqvist & Wiksell Förlag, 1983)

Galloway, Stephen: *The Woody Allen Interview (Which He Won't Read)*, Hollywood Reporter, 04. 05. 2016.

Greer, Germaine: *"The Female Eunuch" (MacGibbon & Kee, 1970)*
저메인 그리어, 이미선 역, 『여성 거세당하다』, 텍스트, 2012

Gubar, Susan / Gilbert, Sandra M.: *The Madwoman in the Attic: The Woman Writer and the Nineteenth-Century Literary Imagination* (Yale University Press, 1979)
수전 구바, 산드라 길버트, 박오복 역, 『다락방의 미친 여자: 19세기 여성 작가의 문학적 상상력』, 이후, 2009

Herbjørnsrud, Dag: *Globalkunnskap. Renessanse for en ny opplysningstid* (Scandinavian Academic Press, 2016)

Holmberg, Carin: *Det kallas manshat. En bok om feminism* (Modernista, 1996)

Kåreland, Lena: *Förbjuden frukt: Litterärt, franskt och kvinneligt* (Appell Förlag, 2018)

Kollontai, Alexandra: *"The Autobiography of a Sexually Emancipated Communist Woman" Translated by Salvator Attansio (Herder and Herder, 1971)*

Mill, John Stuart: *"The Subjection of Women" (Longmans, Green, Reader and Dyer, 1869)*
존 스튜어트 밀, 서병훈 역, 『여성의 종속』, 책세상, 2018

Moksnes, Aslaug: *Kvinner på barrikadene. 8 essays om kvinnenes kamp under Den Franske revolusjon* (Cappelen, 1974)

Nochlin, Linda: *"Why Have There Been No Great Women Artists?" (ARTnews, January 1971)*

Pettersen, Tove: *Filosofiens annet kjønn* (Pax forlag, 2011)

Saini, Angela: *Superior. The Return of Race Science* (HarperCollins Publishers, 2019)

Simonton, Deborah (ed.): *The Routledge History of Women in Europe since 1700* (Routledge, 2006)

Strömquist, Liv: *Kunskapens frukt* (Ordfront Förlag, 2014)

Strömquist, Liv: *Prins Charles känsla* (Galago Förlag, 2010)

Tønnesson, Kåre: *Madame de Staël – en høyst uvanlig kvinne* (Aschehoug, 2007)

von Goethe, Johann Wolfgang: *"Faust" Translated by Walter Kaufmann (Anchor Books, 1998)*
요한 볼프강 폰 괴테, 정서웅 역, 『파우스트(전 2권)』, 민음사, 1999

von Goethe, Johann Wolfgang: *"The Sorrows of Young Werther" Translated by Burton Pike (Random House Inc, 2004)*
요한 볼프강 폰 괴테, 박찬기 역, 『젊은 베르테르의 슬픔』, 민음사, 1999

Witt-Brattström, Ebba: *Kulturkvinnan och andra texter* (Norstedts Förlag, 2017)

Witt-Brattström, Ebba: *Kulturmannen och andra texter* (Norstedts Förlag, 2016)

Wollstonecraft, Mary: *A Vindication of the Rights of Woman (J. Johnson, 1792)*
메리 울스턴크래프트, 문수현 역, 『여성의 권리 옹호』, 책세상, 2018

Woolf, Virginia: *Room of One's Own (Hogarth Press, 1929)*
버지니아 울프, 이미애 역, 『자기만의 방』, 민음사, 2016

역사적 인용문 중 일부는 내용의 일관성을 위해 저자가 현대화했다.

인명 색인

옮긴이 **손화수**

한국외국어대학교에서 영어를, 오스트리아 잘츠부르크 모차르테움 대학에서 피아노를 공부했다. 1998년 노르웨이로 이주한 후 크빈헤라드 코뮤네 예술학교에서 피아노를 가르쳤으며, 현재는 스타인셰르 코뮤네 예술학교에서 피아노를 가르치고 있다.
2002년부터 노르웨이 문학을 번역하기 시작했다. 2012년에는 노르웨이 번역인협회 회원(MNO)이 되었고 2012년과 2014년에 노르웨이문학번역원(NORLA)에서 수여하는 번역가상을 받았다. 2019 년 한·노 수교 60주년을 즈음해 노르웨이 왕실에서 수여하는 감사장을 받았고, 2021년에는 스타인셰르시에서 수여하는 노르웨이 예술인상을 수상했으며, 2021년과 2022년에는 노르웨이 예술위원회에서 수여하는 노르웨이 국가예술인 장학금을 받았다.
옮긴 책으로는 칼 오베 크나우스고르의 『나의 투쟁』 시리즈와 『벌들의 역사』 『이케아 사장을 납치한 하롤드 영감』 『유년의 섬』 『잉그리 빈테르의 아주 멋진 불행』 『자연을 거슬러』 『초록을 품은 환경 교과서』 『나는 거부한다』 『사자를 닮은 소녀』 등 약 90여 권이 있다. 철 따라 찾아오는 노르웨이의 백야와 극야를 벗 삼아 책을 읽고 번역을 하고 있다.

추천·해제 **권김현영**

자신만의 시선과 목소리로 한국 사회를 바라보고 이야기해온 여성주의 연구활동가. PC통신과 인터넷이 보급되던 1990년대에 나우누리 여성 모임 '미즈'의 운영진을 맡았던 영페미니스트이며, 2000년대에는 여성주의 네트워크 〈언니네〉 편집팀장 및 운영진으로 활동했고 한국성폭력상담소에서 상근활동가로 일했다. 이후 이화여대 여성학과에서 공부하며 이화여대, 국민대, 성공회대 등 여러 대학에서 강의했고, 한국예술종합학교 객원교수로 재직했다. 2020년 양성평등문화지원상을 수상했다. 현재 서울국제여성영화제 집행위원, 문화체육관광부 전문위원, 서울시위드유센터 운영위원 등으로 활동하고 있다. 저서로 『여자들의 사회』 『다시는 그전으로 돌아가지 않을 것이다』 『늘 그랬듯이 길을 찾아낼 것이다』가 있으며, 『언니네 방 1~2』 『한국 남성을 분석한다』 『피해와 가해의 페미니즘』 등의 편저와 『더 나은 논쟁을 할 권리』 『코로나 시대의 페미니즘』 『양성평등에 반대한다』 『미투의 정치학』 등의 공저가 있다. 〈한겨레〉 〈씨네21〉 등 다양한 매체에 칼럼을 기고하여 페미니스트로서 목소리를 내고 있다.

Philos Feminism 10

가부장제 깨부수기

1판 1쇄 발행 2022년 5월 6일
1판 2쇄 발행 2023년 6월 1일

지은이 마르타 브렌 **그린이** 옌뉘 요르달
옮긴이 손화수 **추천·해제** 권김현영
펴낸이 김영곤 **펴낸곳** ㈜북이십일 아르테

책임편집 김지영 **편집** 최윤지
표지 디자인 박숙희 **본문 디자인** 박숙희 임민지
기획위원 장미희
출판마케팅영업본부 본부장 민안기
마케팅 배상현 한경화 김신우 강효원 **영업** 최명열 김다운 김도연
해외기획 최연순 이윤경 **제작** 이영민 권경민

출판등록 2000년 5월 6일 제406-2003-061호
주소 (10881) 경기도 파주시 회동길 201 (문발동)
대표전화 031-955-2100 **팩스** 031-955-2151 **이메일** book21@book21.co.kr

ISBN 978-89-509-0042-7 (03330)